El nuevo gusano saltarín

MUSEO SALVAJE
Colección de poesía
Homenaje a Olga Orozco

Homage to Olga Orozco
Poetry Collection
WILD MUSEUM

Isaac Goldemberg

EL NUEVO GUSANO SALTARÍN

Nueva York Poetry Press LLC
128 Madison Avenue, Office 2RN
New York, NY 10016, USA
Telephone number: +1(929)354-7778
nuevayork.poetrypress@gmail.com
www.nuevayorkpoetrypress.com

El nuevo gusano saltarín
© **2024 Isaac Goldemberg**

ISBN-13: 978-1-958001-15-8

© Prologue & blurb::
Miguel Ángel Zapata

© Epilogue & blurb::
Miguel Ángel Zapata
Sasha Reiter

© *Poetry Collection*
Wild Museum 58
(Homage to Olga Orozco)

© Publisher & Editor-in-Chief:
Marisa Russo

© Editor:
Francisco Trejo

© Cover Designer:
William Velásquez Vásquez

© Layout Designer:
Moctezuma Rodríguez

© Photographer:
David Z. Goldemberg

Goldemberg, Isaac
El nuevo gusano saltarín / Isaac Goldemberg. 1ª ed. New York: Nueva York Poetry Press, 2024, 134 pp. 5.25" x 8".

1. Peruvian Poetry. 2. Latin American Poetry. 3. Hispanic American Poetry.

All rights reserved. No part of this publication may be reproduced, distributed, or transmitted in any form or by any means, including photocopying, recording, or other electronic or mechanical methods, without the prior written permission of the publisher, except in the case of brief quotations embodied in critical reviews and certain other non-commercial uses permitted by copyright law. For permissions contact the publisher at: nuevayork.poetrypress@gmail.com.

Para mi esposa, luz entre mis sombras

*La muerte es como cuando va a salir el tren y ya
no hay tiempo para comprar revistas.*
RAMÓN GÓMEZ DE LA SERNA

Me estoy muriendo como he vivido: por encima de mis posibilidades.
OSCAR WILDE

*Cavo una fosa como se debe y ordenan
y busco consuelo en la tierra entre tanto.
Un golpe de azada y aparece debajo,
debatiéndose, patético, un pequeño gusano.*
ABRAHAM SUTSKEVER

Prólogo

En los colores del jardín ríe la vida

Por Miguel Ángel Zapata

La poesía lucha contra la muerte, va como salmón buscando un lugar donde dejar su larva gratuita de mañana. Aun cuando la muerte es inevitable la vida labra su jardín florido, el engaño de la rosa con espinas de carmín reaparece. Ante la tiniebla siempre hay un jardín de flores. El polvo del tiempo nos habita y nos torna inevitablemente vulnerables ante la caída final. La ceniza está al lado de una nube o en la mirada de algún desamparado. En esa planicie, *El nuevo gusano saltarín* trae consigo el pálpito fugaz del vivir, y el ciclo insoslayable de la catacumba. El gusano es un símbolo que se retuerce entre la soledad y el sueño, se mueve entre máscaras y velorios, respira profundo bajo el cielo. Ágil, salta a la palestra del poema como una alimaña inquietante. La poesía es alimaña y ponzoña, espada de dos filos que engaña al camaleón.

Así, en cada página el gusano reaparece como un signo poderoso, destejiendo el ciclo de la luz ante la muerte. Curiosamente, este gusano (personaje célebre desde los tiempos bíblicos) no es un ser inerte, aun cuando no vuela, lentamente se mueve por las cuencas de los ojos, marcando su territorio de principio a fin. Isaac Goldemberg logra con este libro crear una atmósfera prístina de la transición vida -muerte, acompañada de metáforas y símbolos precisos. Se trata, entonces, de un equilibrio en el fraseo, por lo general breve, conciso, delgadamente vertical. Los poemas se leen de un tirón: son textos breves que traen un enigma indescifrable, un sonido seco suena en cada palabra como una piedra pesada.

Muerte,
apártate
de nuestros ojos.
Vuelve
a tu sitio

reclama la oración, ante un escenario de duda y miedo. El poemario suscita la idea del gran teatro de la existencia, en la cual los personajes actúan de manera natural, y otros son solo receptores de una imagen ambigua.

El verso breve y vertical crea una disposición distinta, justo en la mitad de la página, como una columna vertebral resquebrajada que demanda atención. Son poemas donde la precisión es fundamental para crear esta atmósfera carnavalesca de la muerte. Se sugiere, al mismo tiempo, una elevación del alma:

> *el alma guarda*
> *su discurso,*
> *hace una venia*
> *y se alza*
> *en negra estela.*

El color negro denota una diferencia comparada con la elevación del alma en San Juan de la Cruz. En San Juan se trata del vuelo del alma presurosa hacia Dios. Salvador Ros García señala con acierto que en el caso de San Juan: "el alma, asimilada a un halcón, neblí o sacre se lanza en pos de la presa divina".

Por otro lado, es inevitable, no recordar en este contexto el poema "The Conqueror Worm" (El gusano conquistador) de Edgar Allan Poe. En el poema de Poe se recrea un pórtico dramático, grabado en escenas, en las cuales el gusano airoso ataca con violencia y se imbuye de sangre humana. La travesía de Goldemberg es otra. La presencia del gusano es sugerida a través de los títulos de los poemas, sus claustros nos alertan de la posición del cuerpo, las palabras desvalidas nada pueden contra el tiempo circular. *El nuevo gusano saltarín* no es un libro de muerte, sino un atisbo de la vida nueva. En Poe, el gusano es el héroe de la obra teatral vivida, la alimaña que destruye sin estupor. En el caso del poeta peruano, es un proceso cíclico donde se va destruyendo la huella del tiempo, los recuerdos, la imagen en plena soledad; la muerte llega como el poema, su arqueología es la vida que toca la cima y no cae.

Goldemberg sabe bien que tanto el primer verso como el último son cruciales para el equilibrio del poema. Sin el corte versal preciso el poema puede inevitablemente colapsar perdiendo sonido y sentido. La poesía se vuelve un trabajo de náufragos, y estar a la deriva es un remolino de nunca acabar. Pocos poemas comienzan bien o poseen un final perfecto que se regodee de sentido. El libro de Goldemberg está repleto de sonido y de sentido. Todo funciona. Cada encabalgamiento está atado al siguiente por vínculos que nos llevan a tratar de entender sus altos vuelos. *El nuevo gusano saltarín* trae pensamiento, orden y desorden. La filosofía en estos textos deja una clara imagen del transcurso de la vida contra la muerte. A propósito, Giorgio Agamben ha dicho: "Siempre he pensado que filosofía y poesía no son dos sustancias separadas, sino dos fuerzas que llevan al campo único del lenguaje en dos direcciones opuestas: el puro sentido y el puro sonido. No hay poesía sin pensamiento, como tampoco hay pensamiento sin un momento poético". Sentido y sonido son dos constantes en este libro tan lleno de vida como también de muerte.

EL GUSANO SALTARÍN

El gusano
saltarín
aterriza
en la cuenca
del ojo
que no vela.
Morada
de una sola
pieza,
apretadita.
Espacio
de un único
cuerpo,
decúbito.
Sin vistas
panorámicas
en la cabeza,
calva
por la edad,
bastante
amarillenta.
Le huelgan
el pantalón,
el saco
y la camisa.

Una flor
el pecho
le marchita.
Lo miran
las puntas
de los zapatos.

DESPERTAR

Abierto el ojo,
está oscuro,
no ve
las sombras.
Escucha el eco
de siseos
que llaman
al descanso.
Quietud,
refleja
el pensamiento.
Fluye
el tiempo
en alados
alaridos.
Sobre la piel,
casi hueso,
se chantan
los recuerdos,
pajarillos sobre
el tendido
eléctrico.
Se siente
a punto
de no más,
aquí me quedo.

Polilla
cenicienta
sobre
la lámpara
apagada,
revolando.

CLAUSTRO

La mano
que señalaba
el camino
se entrelaza
con la otra.
Horizontal,
el cuerpo
se sostiene.
No retumban
en los oídos
las paladas.
Un color
negro
seguramente
alegraría
el paisaje.
No lo sobrevuela
ningún ave.
Es eterna
la condena.
No existe
una puerta
de escape
de la nada.

Travesía

Piedras
y más arena
alrededor
de todo,
al servicio
de así es
la vida.
Debajo
de los rieles
los recuerdos
se rebelan
en todas
direcciones.
Encima,
cuerpos
esculpidos
en un tiempo
sin destino,
mirando algo,
no están
seguros.
Ni un leve
verdor
de antaño
se marchita
en la memoria.

Se despiden
los ojos,
se esconden
en los pechos
las cabezas,
se enredan
las manos
en círculo
final,
ceñido.
Danzan
las almas
en total
desacuerdo.

PASEO

La muerte.
La siente cerca
a la conchesumadre.
Un poco
al lado,
codeándolo.
Es un recuerdo
de cuando
se le apareció
por primera vez.
Estuvo allí,
pero no la vieron
sus ojos
de niño.
La evadió
de muchacho,
como cuando
te dan un jalón
para atrás.
La vio rebotar
contra el pavimento,
mofándose de él.
Ahora la tiene
colgada
del brazo,

paseando con él
como marido
y esposa.
Poco a poco
irán llegando
al umbral
de su casa.

VIDA BREVE

Agua
invisible
es el tiempo
que corre
mas allá
de la vida
en el pensamiento.
Vida
breve
y muerte
longa.
Somos muertos
eternos
de paso.
No se cumplen
años
de vivo
sino
de muerto.

DESIERTO

Duna
que se abre
al semen
del sol.
Olas
de arena.
Lo guían
los espejismos.
Son expertos
en eso.
El caballo
sobre
el desierto
es su barco.
Su cabeza es
el mascarón.
Grupa
de popa,
pecho
de proa.
Quilla que
lo sostiene
en su curso,
relincho del
mascarón,
sacudón de
la popa,

jadeo de
la proa.
El desierto
sopla
como un fuelle
de forja,
la muerte
espera
en el espejismo.

Paz

Duerme
con la mirada
fija
en el techo
del sueño.
Despierta
en lo mas profundo
de sus ojos.
En la superficie
la tierra
se ha hundido,
están abiertos
sus espacios
y ya obrando.
La muerte
es suave
y alimenta.
Es mejor
no despertar,
el mundo real
invita al sueño
y la paz
se esfuma
en su carroza
blanca.

VIDA ETERNA

No existir.
No saber
qué pasa.
Idos son
los anhelos,
los sueños,
toda
esperanza.
No ver
vida
ni muerte
imaginada.
La paz
absoluta
y no poder
disfrutarla.

SEPELIO

No es la muerte
quien viene
a nosotros
sino nosotros
quienes vamos
hacia la muerte.
Sala
de espera.
Ingresan
en fila
quienes
partirán
mañana.
La carroza
es mecánica.
La jalan
noventa
caballos
de fuerza.
No les ponemos
freno
a los cascos
ni al relincho,
pulmón
y
corazón

de noventa
caballos
de fuerza.
Silencio.
Estamos saltando
el filo
negro
del precipicio.

RETORNO

La oreja
derecha
del hijo
oye el canto
de sirenas
que no llega
a la oreja
izquierda
del padre,
atado
al mástil
de una nave
encallada
en la memoria,
seco mar
que se orilla
en la bruma
invisible
de una isla
imaginada,
que flota
en el hálito
de una muerte
golosa.

MÁSCARAS

La paz
que el yeso
de las máscaras
aparenta,
da falsa
impresión.
Un niño
ha visto
morir
a su madre.
No aguanta
el rigor
del sol.
No se sabe
si se derrite
o si llora.
Una niña
ha visto
morir
a su padre.
La niña
hunde
las manos
en sus lágrimas.
Con flores
el niño
se las seca.

La niña
y el niño
han visto
morir
a la madre
y al padre.
Da falsa
impresión
la paz
que el yeso
de las máscaras
aparenta.

DESCENSO

Resonó
como un goterón
de lluvia
la primera
palada
sobre
el barniz
de la madera
a punto
de ser hundida
en la tierra,
como un mensaje
anunciando
el comienzo
de un acto
que mañana
o pasado
será repetido,
con lluvia
o sin lluvia,
ante la fosa
abierta,
rodeada
de gentes
mirando
hacia abajo,

al espacio
sin fondo.
Han visto
en el camino
ese último paso
que se acerca
de lejos.

POSTMORTEM

Nuevo día.
Brilla
en la imaginación
la sombra
de la eterna
pregunta,
la ronda.
En la pregunta
se disimula
el dolor
de la retórica.
La nunca
presente
es la respuesta.
Saberla
serpentea
la maldición.
Ninguno
mira
la presencia
de otros.
Ninguno
siente
el triste
exilio
del cielo.

Muerta
la máquina,
seco
el rojo
aceite,
nadie
espera
que abra
los ojos
y diga
hola.
La herida
sigue
abierta.

SEÑALES

Cruza
los desiertos
prometidos,
las lluvias
de fuego
golpean su féretro
endureciendo
el espíritu.
El espacio
es la boca
del lobo,
y los dioses
callan sus lenguas.
Delante
de las ruinas
exuberantes,
del aire y los golpes
y del lejano
tiempo,
va envuelto
en la luz.
Con el día
y su falta de fe
se alzan
sobre él
los astros.

SOLEDAD

Las sombras
protectoras,
¿adónde
han ido?
Demasiada
luz
también
ciega.
Luz que pasa
por sus ojos
sin dejar
rastro.
Está
dándose
de cabezazos
contra
sus manos,
está
golpeando
sus manos
contra
su rostro,
está
embistiendo
su rostro
contra

su corazón,
quizás
en lo más
profundo.

MEDIODÍA

Se apagaba
el mediodía.
Ploma,
intensa,
cerraba la luz
sus ojos
sobre la vida,
pozo de nubes
negras.
Llovía.
Cuerpos
arrastraba
la lluvia,
aferrados
a sus paraguas.
Indecisos,
se filtraban
en los desagües,
cada uno
por su rejilla,
abierta
boca,
risita,
mueca.

PEQUEÑA MUERTE

El olor
a molusco
de la tierra
lo arrecha.
Se le para
la vida,
lo cruza
humedecida
por pecho
y espalda,
como sin darse
cuenta,
tránsito
pasajero
del mundo
de abajo
al mundo
de arriba.
Él y la tierra
calatos
al filo
del catre,
en púbicos
nudos,
sorbiendo él,

abajo,
la sopa
negra
del alba.
El color
arcilloso de ella
lo arrecha
mucho mas
de la cuenta.
Ella lo acoge,
piernas
en arco.
Cávame,
implora.
Húrgame
en el sabor
del orgasmo.

SILENCIOS

Está
de espaldas
a la vida
y esta alza
su silencio
bajo el suyo,
aún
no rebalsa
la sombra
en que se plasma,
porque
su despertar
detrás de ella
lo deslumbra
y la sequedad
del ruido
mancha
su alma,
impidiendo
que flote
su cuerpo
sobre la tierra.
Adrede
rehúsa
abrir los ojos,

hecho pedazos
sobre
su ajena
angustia,
luchando grave
fuera de si,
liberto,
separado
de la luz
y de las sombras.

RESERVADO

El espacio
vacío
esperando.
Luminoso,
un guiño
convida
al descanso.
La telaraña
cruza
geométrica
los ojos
de la mosca,
la atrapa.
Red para caídas
de aguas.
El subsuelo
vacío
esperando
el madero,
su golpe
seco.

NOMÓLOGO

Faltará
el espacio
para los que
llegan
detrás.
Este es
su hueco.
Lo cavó
hondo
con su primer
alarido.
Los de atrás
empujan.
Hay falta
de espacio.
Hace tiempo
que una
y otra vez
viene
cediendo
el suyo.
Ya no tiene
hueco.

Ha comenzado
a cavar
uno mas hondo
con un segundo
alarido.

VIDA O MUERTE

Morirse.
Verbo
reflexivo.
La muerte
se refleja
en si misma
o en el cuerpo
de los otros.
Nadie
se vive,
pero sí
se muere.
Irreflexiblemente.
Vivir.
Verbo
transitivo.
Alguien vive
de los otros.
Y también
muere
por otros.
Mientras
hay vida
hay muerte.

La gran
barrendera
va sacando
todo lo viejo,
inservible.
La vida
se vacía
y vuelve
a llenarse
de futuros
cadáveres.

SUEÑO

Si esto
fuese
la cuna
y pudiese
ponerse
de pie
y dar
saltos
y la casa
se fuese
volando
y no hubiese
regreso
y si fuese
la raíz
de un árbol
flotando
y la vida
pasase
por sus
ojos
y diese
el gran salto.

TRÁNSITO

Ha salido
por un segundo
de si mismo,
hacia adentro.
Más recuerda
su corazón
que el cerebro.
Aquel lo vive,
este lo piensa.
Entre vivir
y pensar
el dolor
hay un abismo
en expansión,
una suerte
de pantalla
receptora
de lo vivido.
El personaje
difunto
que es él
se entrevera
con sus otros
y se levanta
hondo.

Jura y perjura
la defensa
ante el Juez,
que su vida
ha sido
hermosa.
El personaje
yace
de barriga
con la mirada
puesta
en el ridículo
y la vergüenza,
y acaso
en algo más,
¡quién sabe!

VELORIO

El bostezo
de la muerte
no es real
sino un
ardid
para aparentar
que duerme.
Ella es la reina
de los ardides.
Su mirada
fue una sonrisa
que no dijo
nada.
Y luego,
fue un aullido
que lo dijo
todo.

HISTORIA

El mundo
apesta
a mañana.
El hedor
durará
dos o mas
siglos.
Cerrar
las ventanas,
en vez
de mirar
hacia
arriba,
al espacio,
cavar
hacia
abajo,
donde
no mora
el Diablo.
Ahí donde
vive Dios,
solo,
eternamente.

IGUALDAD

Como si fuese
una raíz
de la cual crece
el cuerpo,
desenmascarado
el rostro,
puro hueso,
en uno de tantos.
Un fondo
negro
en los ojos
besa
la luz
de un sol
de paisaje,
alumbrando
un tiempo
congelado
en el retrovisor
de la vida
que se muestra
mas cerca
de lo que parece.

Rompen
la monotonía
del extraviado
camino,
tramos
de recuerdos,
sueños
que marean
tornándolo
en otro.

ARQUEOLOGÍA

Cuando
se abrió
la fosa,
bandadas
de recuerdos
salieron
volando.
Los recientes,
de alas
amarillas.
Los recurrentes,
de cresta
roja.
Los trágicos,
de patas
negras.
Los espontáneos,
de pico
morado.
Los olvidados,
de ojos
en blanco.
Todos ellos
posados
en la rama
de un árbol,

viendo
desfilar
al difunto,
acompañándolo
a su paso.

VIDA Y MÁS

El jardín
florece
en primavera
y algo de sol
debe filtrarse
por debajo
de la tierra.
Más de lluvia,
sin duda.
Algo de nube
o luna,
quizás.
En los colores
del jardín
ríe la vida.
Algo de ella
debe filtrarse
por debajo
de la tierra.
Más de soledad,
sin duda.

PARAÍSO

Está
en sus últimas,
de pie
delante
de la puerta
que acaba
de cerrársele,
aferrado
como un perro
a sus huesos.
Ha visto
un prado verde
y una colita
como de mariposa
tentándolo.
Es de noche,
ella ha corrido
sobre
sus cuatro
patitas.
Él la persigue
entre las rosas
de un jardín
que florece
donde posa
los ojos,

olfateando
el amor
en fuga.
Despierto
en plena noche,
¡zas!
el bosque
abrió
la boca.

Mundos

Hay
un mundo
dentro
del mundo
sin
puertas
y sin
ventanas.
Ni un solo
camino
lleva
a ese
mundo.
El camino
es el
mundo.
Una pared
se alza
del aire
hacia
la nada,
y un solo
árbol
de ésta
al aire
de la
muda
palabra.

GRAVEDAD

El padre
carga al hijo
al hueco
del fondo,
a la derecha.
Le dice
esta será
nuestra casa,
nadie mas
vivirá en ella.
Dentro,
un ciprés
crecerá
hacia abajo
y de las raíces
colgarán
fugaces
estrellas.
La vieja casa
será polvo
blanco
y un solo
girasol
alumbrará
la entrada.

La nueva casa,
chuecas
paredes
de roca
negra,
descenderá
al pozo
de la memoria,
ingrávida,
como las hojas
de la inocencia.

ORACIÓN

Muerte,
apártate
de nuestros ojos.
Vuelve
a tu sitio.
No propicies
ningún tipo
de encuentro.
Bajo tus pies
andan
los espejismos.
A mas distancia
se cierran
los telones
de fondo
como si nada,
y el azar
nos sorprende,
ido,
indiferente.

RECURRENCIA

Se arrastra
por un túnel
acolchado,
bajo
y angosto.
A veces
timbra
un teléfono
o se prende
un televisor
o alguien
pregunta
si ya le traen
el almuerzo.
Ya no es posible
el hambre,
dice que no.
Quiere
ponerse en pie
mejor,
cuidándose
de no caer
en sus recuerdos,
de no sangrar
sobre
sus propios
huesos.

Una vez,
en lo oscuro,
permaneció
con los ojos
bien abiertos,
congelado
el aullido
en sus labios.

Aniversario

La sombra
de los árboles
refleja
el tiempo ido
donde el sol
se afana
por mostrarse.
Se celebra
la vida
del difunto.
Caen
de la memoria
todas las hojas
del almanaque.
Se elevan
las oraciones
mareando
el camino
al cielo.
Los recuerdos
dan vueltas
y mas vueltas,
borrachos.
Las despedidas
se dan la mano,
otras se besan.

De pronto
algo aletea,
el alma guarda
su discurso,
hace una venia
y se alza
en negra estela.
Llueven
los aplausos.

PALABRAS

Encima
de la lengua,
silencio.
Interpretarlo
sería
tomarle
el pelo.
A esa hora
el cuerpo
del difunto
se encendía
con el fuego
de la ventana.
Sus cenizas
ardían
en ojos,
manos,
boca.
Lo decía
todo,
la cachacienta
mueca.

Canción de cuna

Se va,
se va
la muerte,
se va
con el enterrador,
y en esa muerte
que cruza
el día,
se va,
se va
el amor.
Se va,
se va
el amor,
se va
con el remador,
y en ese amor
que cruza
la noche,
se va,
se va
el dolor.
Se va,
se va
el dolor,
se va
con la mediadora,

y en ese dolor
que cruza
la muerte,
se van
se van
las horas.
Se van,
se van
la horas,
se van
con la segadora,
y en esas horas
que cruzan
el sol,
se va,
se va
la vida.
Se va,
se va
la vida,
se va
con la guadañera,
y en esa vida
que cruza
la sombra,
se va,
se va
la nada.

(Variación de "Se va la lancha", canción de Francisco Bastardi)

SUEÑO ETERNO

Duerme.
Acaricia
su nuca
la almohada.
Sueña.
No es este
el llamado
sueño
eterno.
No todavía.
Rostros
de diversos
colores
lo miran.
Muchos sin
precisar
dónde
lo han visto.
Otros no
lo reconocen.
A él le serían
igualmente
desconocidos.
Nadie
sospecha
que sigue vivo.

TEMPORAL

En el cajón,
ciego a la luz
de un cielo
encendido,
familiar,
cómodo,
¿la madre
de uno?
¿el padre
quizás?
Como la sombra
de un ser
conocido,
cercano,
se cierra
el suelo,
un trueno,
un rayo,
demasiado
cerca
de uno.

NATURALEZA MUERTA

El cielo
flota sobre
las tumbas.
Rampan
las almas
debajo
de la tierra,
y el aire
se esfuma
en boca
de los gusanos.
Arriba,
hombres,
mujeres,
niñas y niños
se acuestan
sobre
las hambres.
Sobre
los huesos,
barrigas
muertas
de risa
vuelan
como moscas.
La vida,
sangra entre
las fosas.

DOLIENTES

Ido
el muerto,
quedaron
los vivos
de pie
ante la fosa
ya cerrada.
Rodeadas
de cielo,
flotaban por ahí
las palabras,
siempre
las mismas.
Gestos
de dolor
-sin duda-,
alguno
de hastío
por lo ya vivido,
revoloteando
de un cuerpo
a otro,
pronto
a ser llamados,
no se sabe
por quién
ni cuándo.

Propios
y ajenos
se miraban,
agazapados.
De este lado
una sonrisa
sabia,
vagos
abrazos.
Del otro,
finas agujas
de cristal
en las mejillas,
mas allá
un llanto
hacia adentro,
bien roto.
Estaban
también
las miradas,
de esas
que engañan
al ojo.

VISITA

He aquí
que viene
certera,
se alza
mirando
de reojo
a los costados,
en la sangre
hirviente.
Extraño hábito
mirarla
invisible,
seductora
en su esqueleto
de barquero
napolitano.
He aquí
la muerte,
esta mirada
ciega
que la previene,
esta luz negra
alumbrando
el pozo
sin balde.

ERÓTICA

Cimbran
las piernas
llenas de pelos
hirsutos.
¿Qué hacer
con la vida?
La lengua lame
vocales
solamente
y los jugos
de la ausente
la ahogan.
Qué succión
empalagosa
la de la muerte.
Qué apretón
tan débil.
Qué facultad
de mando.
Genuflexión
forzada
como ante
el mástil
de la bandera.

Despedida

Las lágrimas
purificaron
el cuerpo
desnudo
del cadáver.
Nadie
se opuso.
Mas bien
bailaron
hasta la madrugada
para sus adentros,
cada uno
en su propio
ritmo.
Causó
furor
el
"Por fin te fuiste",
interpretado
por la banda
mas de tres veces.
Los pies
se movieron
como los de cualquier
bailarín
de barrio.

A través
de la bruma
se jaraneó
la muerte,
sentada
en el cajón,
rasgueando
en la guitarra
la cuerda
floja
del amanecer.
Jugaba
su suerte
en el aire
una fila
de recuerdos,
esperando
turno
para olvidarse.
No se le ocurrió
abrirles
la puerta
a nadie.
Ah, el sueño
abría
su bocaza,
una ventana
fuera de sitio,
un paisaje
apenas visto.

ITINERARIO

Aromáticas,
casi corpóreas,
llegan las almas.
Carne nueva
oliendo a rosas.
Alguien cruza
los ayes
del cementerio.
Lo sigue
un reguero
de lágrimas.
No se sabe
quién llora,
no es llanto
conocido.
Tampoco
de dónde
proviene.
Pronto sigue
su curso,
se desvanece.
Quien cruza
el cementerio
ha olvidado
algo.

Regresa sobre
sus pasos.
Le es familiar
la lápida
que lo reclama.

FATIGA

En el postrer
tic tac
del corazón,
la curiosidad
del mas allá
llegó
a su fin.
Estaba
preparado
para contar,
como prontos,
los días
que le quedaron,
restos de un camino
no siempre
reconocido
en la última
parada.
Le pesó
al corazón
no tenerlo
resuelto.
No hubo nadie
que hubiese
imaginado
alguna vez

su propio
cuerpo
dentro
del ataúd
en una fosa.

NATURA

La tormenta
arrasa
el paisaje
pintándolo
de transparente.
La próxima
estación
es calma.
Reinan en ella
colas
de huracanes,
brazos
de tifones,
bocas
de volcanes,
eternas
calamidades
de la Naturaleza.
Destruye
para saberse
viva.
Somos
sus muertos
predilectos.

REGLAS

Ante
la muerte
saquémonos
el sombrero,
venia
de por medio,
ojos
sumidos
en el pecho.
Ninguna
sonrisa,
ningún
gesto
de manos.
Ante
la vida,
calcémonoslo
hasta
los ojos,
mirando
por el rabillo
de izquierda
a derecha.
Una que otra
risita,

ninguna
aparatosa.
Andemos
y sigamos
andando.
Al final,
saquémonoslo
con las dos
manos,
estrujémoslo
contra
el corazón,
ojos sumidos
en el vacío,
como avergonzados.

HILOS

El hilo
de la vida
se ensarta
en el ojo
de la muerte.
Cose,
puntada
tras puntada,
los blancos
sudarios
de la memoria.
Se puede ver
los huesos,
brillosos,
la calavera
irreconocible.
Esos ojos
que no ven
no son
sus ojos.
Hay en ellos
el velo
de una mirada
que alguna vez
vio algo.

Quizás una zanja
cavada
con la orina
del sepulturero.
Fila de desperdicios
zumbándole
en los oídos,
un sueño largo,
pasando
por el ojo
de la vida,
cual hilo
rojo,
retorcido.

IDAS Y VUELTAS

Susurrando
garabatos,
se acercan
los viejos
y las viejas
al centro
de una cuna
hecha
pedazos.
Los viejos
y las viejas
recorren
sus primeros
pasos
en el tiempo
perdido
del olvido.
Silencios
de sordos
borran
el elegíaco
discurso.
Riendo
a pierna
suelta,

se acercan
los viejos
y las viejas
al borde
de una fosa
que se abre
no rauda,
sino deleitable.*

*Fragmento de un verso del poema "Primera aparición", de Vicente Aleixandre: *"y pasas despaciosa, no rauda, sino deleitable, pisando muy leve"*.

EPÍLOGO

LA LIBERACIÓN DEL INCONSCIENTE

Por Sasha Reiter

Todo acto poético requiere algún tipo de salto. Así es como entramos en *El nuevo gusano saltarín*, de Isaac Goldemberg -como un pequeño gusano que aterriza *"en la cuenca del ojo"* de un cadáver. Al igual que el gusano que da título al primer poema de este libro, nosotros somos responsables de utilizar nuestra propia y compleja relación con la muerte para animar lo que encontramos en esta tumba. Cuidadosamente elaborada, Goldemberg ha llenado la tumba en su poema inicial con objetos encarnados.

> *Una flor*
> *el pecho*
> *le marchita.*
> *Lo miran*
> *las puntas*
> *de los zapatos.*

Al otorgar a los objetos de sus poemas autonomía sobre el cuerpo, Isaac Goldemberg insufla vida contra la quietud de la muerte, la cual se convierte en el telón de fondo para la acción dentro de este poemario. Esta yuxtaposición crea una dicotomía cambiante entre la vida y la muerte, lo corpóreo y lo intangible, el cuerpo y la mente misma.

En esta colección, nuestro escenario es un cementerio o, mas específicamente, una tumba y la tierra que la rodea, las cuales muchas veces están en la mente, dentro del sueño eterno de los muertos. A medida que estos hablantes muertos dan testimonio de la vida que rodea sus tumbas, somos testigos de su muerte interior a través de su visión onírica.

En el poema, "Despertar", el hablante de Goldemberg dice:

> *Fluye*
> *el tiempo*
> *en alados*
> *alaridos.*
> *Sobre la piel,*
> *casi hueso,*
> *se chantan*
> *los recuerdos,*
> *pajarillos sobre*
> *el tendido*
> *eléctrico.*

Si bien estos hablantes son observadores, es a través de su observación que crean ambientes, historias, mundos sin limitaciones físicas, donde la vida y la muerte se detienen a conversar, discutir, o incluso a convertirse la una en la otra. En su poema "Desierto", somos testigos del cuerpo fusionándose con un espejismo para dar vida a lo inanimado y muerte a lo que existía.

> *Quilla que*
> *lo sostiene*
> *en su curso,*
> *relincho del*
> *mascarón,*
> *sacudón de*
> *la popa,*
> *jadeo de*
> *la proa.*
> *El desierto*
> *sopla*
> *como un fuelle*
> *de forja,*
> *la muerte*
> *espera*
> *en el espejismo.*

Esta colección se destaca por la brevedad y la sencillez lingüística de sus poemas. Hay una profunda preocupación por el lenguaje, la cual se encuentra en las palabras que ha elegido. De esta manera Isaac Goldemberg nos devuelve al tema mas auténtico de la poesía, la poesía misma. En el poema "Postmortem", Goldemberg aborda la *"eterna pregunta"* al realizar el acto de escribir a su sombra.

> *En la pregunta*
> *se disimula*
> *el dolor*

> *de la retórica.*
> *La nunca*
> *presente*
> *es la respuesta.*
> *Saberla*
> *serpentea*
> *la maldición.*

Nos recuerda que el poeta y los muertos son siempre lo mismo, porque el poeta también debe deambular en torno a su conocimiento de lo que no es. En su poema titulado "Palabras", se encuentra el mismo mensaje sobre la futilidad del lenguaje para comunicar el silencio.

> *Encima*
> *de la lengua,*
> *silencio.*
> *Interpretarlo*
> *sería tomarle*
> *el pelo.*

Porque la poesía minimalista trabaja con la economía de las palabras, debe ser ahorrativa, pintando un cuadro con unas pocas pinceladas, casi telegráficamente. En sus poemas, Isaac Goldemberg expresa algo mas de lo que está implícito en los temas mismos. Las palabras son capaces de rescatar el "discurso" de los difuntos. Con ellas, los poetas le dicen a la muerte que es posible atraparla, encerrarla o embotellarla. En este libro, las palabras de Goldemberg están presentes para revivir momentos muertos y sepultados.

En el poema "Mediodía", el hablante describe un momento singular:

> *Se apagaba*
> *el mediodía.*
> *Ploma,*
> *intensa,*
> *cerraba la luz*
> *sus ojos*
> *sobre la vida,*
> *pozo de nubes*
> *negras.*
> *Llovía.*

En este momento, que es en si mismo muchos momentos finales, somos testigos de cuerpos que se protegen desesperadamente de la lluvia mientras esta *"filtra"* a cada uno de ellos en las alcantarillas. Para realizar la resurrección de estos momentos, cada uno de estos poemas se enfrenta a la muerte, la cual sirve de motor a esta colección.

El tiempo es una ansiedad importante para nuestros difuntos hablantes. Debido a que estos poemas existen en destellos de tiempo, experimentamos su paso como un rastro dejado por una presencia perdida. Esta es la presencia que los hablantes de Goldemberg están persiguiendo sin cesar, pero que nunca pueden realmente capturarla, encerrados para siempre por la pregunta indecible. Esto se atestigua a través de motivos como las hojas que caen en el poema "Aniversario":

> *Caen*
> *de la memoria*
> *todas las hojas*
> *del almanaque…*

Y en el poema, "Gravedad":

> *La nueva casa,*
> *chuecas*
> *paredes*
> *de roca*
> *negra,*
> *descenderá*
> *al pozo*
> *de la memoria,*
> *ingrávida,*
> *como las hojas*
> *de la inocencia.*

Esto también se puede ver a través del recurrente desandar de los propios pasos que se da en este poemario, como se ve en el poema "Itinerario":

> *Quien cruza*
> *el cementerio*
> *ha olvidado*
> *algo.*
> *Regresa sobre*
> *sus pasos.*
> *Le es familiar*
> *la lápida*
> *que lo reclama.*

O en el poema "Idas y vueltas":

*Los viejos
y las viejas
recorren
sus primeros
pasos
en el tiempo
perdido
del olvido.*

Isaac Goldemberg utiliza la recurrencia de estos motivos y objetos como "cenizas" para emprender una búsqueda a muerte del yo perdido que deja la vida floreciendo a su paso. Aunque, *"Sus cenizas ardían en ojos, manos, boca"*, como en el poema "Palabras", la *"polilla cenicienta sobre la lámpara apagada"* está *"revolando"* en "Despertar".

En estos poemas las dicotomías vida/muerte y mundo corpóreo/más allá etéreo se disuelven en una dimensión ambigua que contradice la limitación física. Nos encontramos con nuestros hablantes muertos en este espacio dialéctico, donde comulgan entre ellos y con los vivos. ¿Los momentos atrapados en el tiempo, los destellos fragmentados de la memoria en poder de personas separadas, contienen vida? ¿Hay una tercera opción, existe un espacio entre lo físico y lo eterno? Ciertamente existe dentro de las páginas de este libro. Estos poemas hablan desde el deseo de cruzar el umbral de la muerte sin romper los lazos con el mundo de los vivos. Este libro presenta un espacio donde las sombras no ocultan la luz, ni la luz ilumina.

Al estudiar el espacio creado por los hablantes de Goldemberg, se nota que todo dolor abismal es recibido con alivio. En estos poemas hay un intento de apaciguar la angustia, la ansiedad, el miedo que la muerte produce en el hablante o en cualquier ser humano. Un poema, especialmente uno de naturaleza minimalista, necesita lo particular para no perderse en miasmas. Aquí lo particular es la muerte, la muerte vista oníricamente, con humor.

Ya sea que se refiera al esqueleto de un barquero napolitano como seductor, diciéndole a la muerte que retroceda, o describiendo recuerdos como coloridos pájaros que acompañan al difunto en su cortejo fúnebre o a borrachos bailando mientras las despedidas cobran vida, Isaac Goldemberg utiliza la yuxtaposición del humor y la muerte para crear un punto de encuentro accesible entre ambos. De su poema "Aniversario":

> *Los recuerdos*
> *dan vueltas*
> *y mas vueltas,*
> *borrachos.*
> *Las despedidas*
> *se dan la mano,*
> *otras se besan.*
> *De pronto*
> *algo aletea,*

*el alma guarda
su discurso,
hace una venia
y se alza
en negra estela.
Llueven
los aplausos.*

Isaac Goldemberg utiliza la sombra en este libro para referirse al mundo de la no existencia, un lugar similar al sueño en el que uno no está consciente de que existe, pero en el que nuestro inconsciente es testigo del sueño mismo. Así también es cómo nosotros, los vivos, vemos la vida a través de los ojos de los hablantes muertos de estos poemas. Como si la muerte fuera la liberación del inconsciente, un inconsciente que le pertenece al hablante que se expresa en imágenes oníricas y hace mas que ser un testigo, creando ambientes, mundos e historias.

ACERCA DEL AUTOR

Isaac Goldemberg nació en Chepén, Perú, en 1945 y reside en Nueva York desde 1964. Ha publicado cuatro novelas, un libro de relatos, doce de poesía y tres obras de teatro. En 1995 su novela *La vida a plazos de don Jacobo Lerner* fue considerada por un comité de escritores y críticos literarios como una de las mejores novelas peruanas de todos los tiempos; y en el 2001 fue seleccionada por un Jurado Internacional de críticos literarios convocado por el Yiddish Book Center de Estados Unidos como una de las 100 obras más importantes de la literatura judía mundial de los últimos 150 años. Su obra ha sido sido traducida a varios idiomas e incluida en numerosas antologías de América Latina, Europa y los Estados Unidos. En 2014, la Casa de la Literatura Peruana en Lima, presentó "Tiempos y Raíces", una Exhibición/Homenaje dedicada a su vida y obra. Goldemberg figura en la lista de "Autores iberoamericanos mas estudiados en las universidades de Estados Unidos", compilada por el Gale Research Institute. Fue Director fundador de la Feria del Libro Latinoamericano de Nueva York (1985-1995), catedrático de New York University (1973-1986) y Profesor Distinguido de The City

University of New York en Hostos Community College (1992-2019), donde fue Director fundador del Instituto de Escritores Latinoamericanos y de la revista internacional de cultura *Hostos Review*. Es Miembro Numerario de la Academia Norteamericana de la Lengua Española y profesor honorario de la Universidad Ricardo Palma, de Lima, Perú.

ÍNDICE

El nuevo gusano saltarín

Prólogo por Miguel Ángel Zapata · 15

El gusano saltarín · 21
Despertar · 23
Claustro · 25
Travesía · 26
Paseo · 28
Vida breve · 30
Desierto · 31
Paz · 33
Vida eterna · 34
Sepelio · 35
Retorno · 37
Máscaras · 38
Descenso · 40
Postmortem · 42
Señales · 44
Soledad · 45

Mediodía ·	47
Pequeña muerte ·	48
Silencios ·	50
Reservado ·	52
Nomólogo ·	53
Vida o muerte ·	55
Sueño ·	57
Tránsito ·	58
Velorio ·	60
Historia ·	61
Igualdad ·	62
Arqueología ·	64
Vida y más ·	66
Paraíso ·	67
Mundos ·	69
Gravedad ·	70
Oración ·	72
Recurrencia ·	73
Aniversario ·	75
Palabras ·	77
Canción de cuna ·	78
Sueño eterno ·	80

Temporal · 81
Naturaleza muerta · 82
Dolientes · 83
Visita · 85
Erótica · 86
Despedida · 87
Itinerario · 89
Fatiga · 91
Natura · 93
Reglas · 94
Hilos · 96
Idas y vueltas · 98

Epílogo por Sasha Reiter · 101

Acerca del autor · 113

Colección
MUSEO SALVAJE
Poesía latinoamericana
(Homenaje a Olga Orozco)

1
La imperfección del deseo
Adrián Cadavid

2
La sal de la locura / Le Sel de la folie
Fredy Yezzed

3
El idioma de los parques / The Language of the Parks
Marisa Russo

4
Los días de Ellwood
Manuel Adrián López

5
Los dictados del mar
William Velásquez Vásquez

6
Paisaje nihilista
Susan Campos Fonseca

7
La doncella sin manos
Magdalena Camargo Lemieszek

8
Disidencia
Katherine Medina Rondón

9
Danza de cuatro brazos
Silvia Siller

10
*Carta de las mujeres de este país /
Letter from the Women of this Country*
Fredy Yezzed

11
El año de la necesidad
Juan Carlos Olivas

12
El país de las palabras rotas / The Land of Broken Words
Juan Esteban Londoño

13
Versos vagabundos
Milton Fernández

14
Cerrar una ciudad
Santiago Grijalva

15
El rumor de las cosas
Linda Morales Caballero

16
La canción que me salva / The Song that Saves Me
Sergio Geese

17
El nombre del alba
Juan Suárez

18
Tarde en Manhattan
Karla Coreas

19
Un cuerpo negro / A Black Body
Lubi Prates

20
Sin lengua y otras imposibilidades dramáticas
Ely Rosa Zamora

21
El diario inédito del filósofo vienés Ludwig Wittgenstein /
Le Journal Inédit Du Philosophe Viennois Ludwig Wittgenstein
Fredy Yezzed

22
El rastro de la grulla / The Crane's Trail
Monthia Sancho

23
Un árbol cruza la ciudad / A Tree Crossing The City
Miguel Ángel Zapata

24
Las semillas del Muntú
Ashanti Dinah

25
Paracaidistas de Checoslovaquia
Eduardo Bechara Navratilova

26
Este permanecer en la tierra
Angélica Hoyos Guzmán

27
Tocadiscos
William Velásquez

28
De cómo las aves pronuncian su dalia frente al cardo /
How the Birds Pronounce Their Dahlia Facing the Thistle
Francisco Trejo

29
El escondite de los plagios / The Hideaway of Plagiarism
Luis Alberto Ambroggio

30
Quiero morir en la belleza de un lirio /
I Want to Die of the Beauty of a Lily
Francisco de Asís Fernández

31
La muerte tiene los días contados
Mario Meléndez

32
Sueño del insomnio / Dream of Insomnia
Isaac Goldemberg

33
La tempestad / The tempest
Francisco de Asís Fernández

34
Fiebre
Amarú Vanegas

35
63 poemas de amor a mi Simonetta Vespucci /
63 Love Poems to My Simonetta Vespucci
Francisco de Asís Fernández

36
Es polvo, es sombra, es nada
Mía Gallegos

37
Luminiscencia
Sebastián Miranda Brenes

38
Un animal el viento
William Velásquez

39
Historias del cielo / Heaven Stories
María Rosa Lojo

40
Pájaro mudo
Gustavo Arroyo

41
Conversación con Dylan Thomas
Waldo Leyva

42
Ciudad Gótica
Sean Salas

43
Salvo la sombra
Sofía Castillón

44
Prometeo encadenado / Prometheus Bound
Miguel Falquez Certain

45
Fosario
Carlos Villalobos

46
Theresia
Odeth Osorio Orduña

47
El cielo de la granja de sueños / Heaven's Garden of Dreams
Francisco de Asís Fernández

48
hombre de américa / man of the americas
Gustavo Gac-Artigas

49
Reino de palabras / Kingdom of Words
Gloria Gabuardi

50
Almas que buscan cuerpo
María Palitachi

51
Argolis
Roger Santivañez

52
Como la muerte de una vela
Hector Geager

53
El canto de los pájaros / Birdsong
Francisco de Asís Fernández

54
El jardinero efímero
Pedro López Adorno

55
The Fish o la otra Oda para la Urna Griega
Essaú Landa

56
Palabrero
Jesús Botaro

57
Murmullos del observador
Hector Geager

58
El nuevo gusano saltarín
Isaac Goldemberg

59
Tazón de polvo
Alfredo Trejos

Poetry Collections

Adjoining Wall
Pared Contigua
Spaniard Poetry
Homage to María Victoria Atencia (Spain)

Barracks
Cuartel
Poetry Awards
Homage to Clemencia Tariffa (Colombia)

Crossing Waters
Cruzando el Agua
Poetry in Translation (English to Spanish)
Homage to Sylvia Plath (United States)

Dream Eve
Víspera del Sueño
Hispanic American Poetry in USA
Homage to Aida Cartagena Portalatín (Dominican Republic)

Fire's Journey
Tránsito de Fuego
Central American and Mexican Poetry
Homage to Eunice Odio (Costa Rica)

Into My Garden
English Poetry
Homage to Emily Dickinson (United States)

I Survive
Sobrevivo
Social Poetry
Homage to Claribel Alegría (Nicaragua)

Lips on Fire
Labios en llamas
Opera Prima
Homage to Lydia Dávila (Ecuador)

Live Fire
Vivo fuego
Essential Ibero American Poetry
Homage to Concha Urquiza (Mexico)

Feverish Memory
Memoria de la fiebre
Feminist Poetry
Homage to Carilda Oliver Labra (Cuba)

Reverse Kingdom
Reino del revés
Children's Poetry
Homage to María Elena Walsh (Argentina)

Stone of Madness
Piedra de la locura
Personal Anthologies
Homage to Julia de Burgos (Argentina)

Twenty Furrows
Veinte surcos
Collective Works
Homage to Julia de Burgos (Puerto Rico)

VOICES PROJECT
PROYECTO VOCES
María Farazdel (Palitachi) (Dominican Republic)

WILD MUSEUM
MUSEO SALVAJE
Latino American Poetry
Homage to Olga Orozco (Argentina)

OTHER
COLLECTIONS

Fiction
INCENDIARY
INCENDIARIO
Homage to Beatriz Guido (Argentina)

Children's Fiction
KNITTING THE ROUND
TEJER LA RONDA
Homage to Gabriela Mistral (Chile)

Drama
MOVING
MUDANZA
Homage to Elena Garro (Mexico)

Essay
SOUTH
SUR
Homage to Victoria Ocampo (Argentina)

Non-Fiction/Other Discourses
BREAK-UP
DESARTICULACIONES
Homage to Sylvia Molloy (Argentina)

For those who think like Olga Orozco that "we are hard fragments torn from heaven's reverse, chunks like insoluble rubble turned toward this wall where the flight of reality is inscribed, chilling white bite of banishment" this book was published in January 2024 in the United States of America.

www.ingramcontent.com/pod-product-compliance
Lightning Source LLC
Chambersburg PA
CBHW020334170426
43200CB00006B/381